Gorgojo jirafa

Grace Hansen

Abdo Kids Jumbo es una subdivisión de Abdo Kids
abdobooks.com

abdobooks.com

Published by Abdo Kids, a division of ABDO, P.O. Box 398166, Minneapolis, Minnesota 55439.

Abdo Kids Jumbo™ is a trademark and logo of Abdo Kids.

Printed in China

102024

012025

Spanish Translator: Maria Puchol

Photo Credits: Alamy, iStock, Minden Pictures, Science Source, Shutterstock PREMIER, ©Tee La Rosa p.15 / CC BY-NC-ND 2.0

Production Contributors: Teddy Borth, Jennie Forsberg, Grace Hansen
Design Contributors: Candice Keimig, Victoria Bates

Library of Congress Control Number: 2024939018

Publisher's Cataloging-in-Publication Data

Names: Hansen, Grace, author.

Title: Gorgojo jirafa/ by Grace Hansen.

Other title: Giraffe weevil. Spanish

Description: Minneapolis, Minnesota: Abdo Kids, 2025. | Series: Insectos impresionantes | Includes online resources and index

Identifiers: ISBN 9798384904403 (lib.bdg.) | ISBN 9798384904960 (ebook)

Subjects: LCSH: Beetles--Juvenile literature. | Rain forest animals--Juvenile literature. | Insects--Juvenile literature. | Insects--Behavior--Juvenile literature. | Spanish language materials--Juvenile literature.

Classification: DDC 595.7--dc23

Contenido

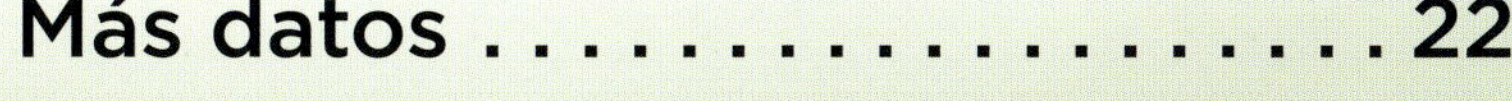

El gorgojo jirafa

Este insecto es **originario** de Madagascar. Vive al este de la isla, en los bosques lluviosos.

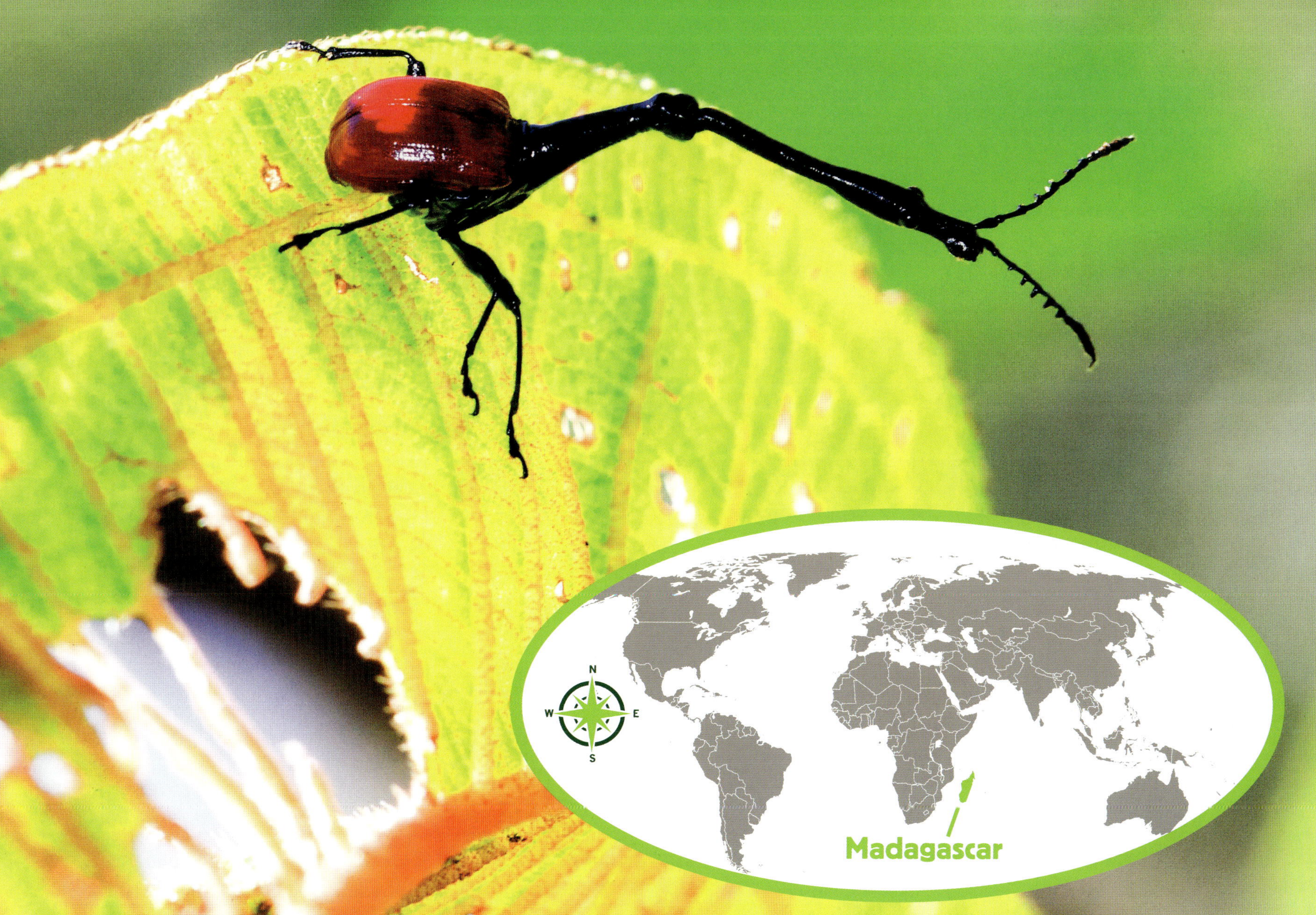
N
W
E
S
Madagascar

Los gorgojos jirafa son escarabajos con un largo cuello, que en inglés se llama *rostrum*. Al final de este cuello tienen partes bucales para masticar.

rostrum

Los gorgojos se alimentan de un solo tipo de planta. El nombre de las diferentes **especies** proviene de las plantas que comen. El gorgojo jirafa es diferente, recibe su nombre por su largo cuello.

El cuello del macho es más largo que el del gorgojo jirafa hembra. Los machos lo utilizan para luchar. Las hembras para construir nidos.

hembra
macho

El gorgojo jirafa es negro en su mayoría. Recubren sus alas con **élitros** de un rojo brillante.

élitros

Alimentación

Los gorgojos jirafa rara vez abandonan el pequeño árbol del que se alimentan. El árbol recibe el apodo de “árbol del escarabajo jirafa”. Tiene hojas verdes y sólo se encuentra en Madagascar.

Lucha y apareamiento

Cuando los gorgojos jirafa están listos para **aparearse**, los machos luchan entre sí. El macho ganador consigue aparearse con la hembra.

La hembra utiliza sus fuertes patas para doblar la hoja de uno de estos árboles. Enrolla el extremo de la hoja y pone un huevo en su interior. Utiliza el cuello y las patas para enrollar el resto de la hoja.

Después arranca la hoja del árbol y cae al suelo del bosque. Cuando el huevo eclosiona, la **larva** encuentra alimento fácilmente.

Más datos

- En el mundo se conocen alrededor de 60,000 **especies** de gorgojos. Aunque hay muchas más que aún no se han descubierto.

- Los gorgojos jirafa ni muerden ni pican.

- Madagascar es conocido por tener especies extraordinarias de insectos, animales y plantas que no se encuentran en ningún otro lugar del mundo. Los gorgojos jirafa son una de esas especies únicas.

Glosario

aparearse – juntar machos y hembras de la misma especie para tener crías.

élitros – alas externas de los escarabajos que sirven para proteger el par de alas internas que usan para volar.

especie – grupo de seres vivos con similitudes entre ellos, comparten nombre y capacidad de reproducirse.

larva – estado de un insecto cuando sale del huevo y antes de convertirse en su forma de adulto. Una larva no tiene alas, parece un gusano.

originario – que ha nacido o proviene de un lugar.

Índice

¡Visita nuestra página **abdokids.com** para tener acceso a juegos, manualidades, videos y mucho más!

Los recursos de internet están en inglés.

Usa este código Abdo Kids

IGK7373

¡o escanea este código QR!